U0459069

幼儿教师教育丛书

综合材料工艺制作

主编：刘丽新

首都师范大学出版社

图书在版编目（CIP）数据

综合材料工艺制作 / 刘丽新主编. — 北京 ：首都师范大学
出版社，2010.9 (2014.02重印)
（幼儿教师教育丛书）
ISBN 978-7-5656-0152-1

Ⅰ. ①综… Ⅱ. ①刘… Ⅲ. ①手工艺品－制作－幼教人员－师资
培训－教学参考资料 Ⅳ. ①TS973.5

中国版本图书馆CIP数据核字(2010)第188313号

幼儿教师教育丛书
ZONGHE CAILIAO GONGYI ZHIZUO
综合材料工艺制作
主编：刘丽新

项目统筹 张慧芳		责任编辑 张慧芳	
责任校对 李佳艺		责任印制 何景贤	
版式设计 赵俊岭			

首都师范大学出版社出版发行
地　　址　北京西三环北路 105 号
邮　　编　100048
电　　话　68418523（总编室）　68982468（发行部）
网　　址　www.cnupn.com.cn
北京嘉实印刷有限公司印刷
全国新华书店发行
版　　次　2010 年11月第 1 版
印　　次　2014 年 2 月第 2 次印刷
开　　本　880 mm×1 230 mm　1/16
印　　张　11.5
字　　数　150 千
定　　价　35.00元

本书编委会

主　编：刘丽新

编　委：杨小琴　刘丽新　周有维　张　琦　张　爽

丛书前言

　　随着我国教育事业的迅速发展，学前教育改革不断深化，社会对幼儿园师资专业水平也提出了更高的要求。"百年育人，始于幼学"。教育大计，教师为本。有好的教师，才有好的教育。新时期的幼儿教师在掌握了现代教育理论同时，也必须具备很强的专业素质。为了适应幼儿教育改革的需要，向广大幼儿教师提供适合的幼儿教育的理念和方法，我们依据《国家中长期教育改革和发展规划纲要》(2010-2020年)以及《幼儿园教育指导纲要（试行）》精神，组织幼教专家、幼儿师范的教师以及其他教育研究人员，编写了这套《幼儿教师教育丛书》。

　　本套丛书在编写过程中，坚持继承与创新的统一，坚持理论与实践的统一，以实践能力培养为主线，不仅吸收了一些学前教育研究的最新成果，融入了我们多年来教学研究的新认识，而且还吸纳了广大幼儿园教师的优秀教育实践经验和理论研究成果。因此，本套丛书具有时代性、实践性和针对性等特点。

　　本套丛书可作为幼儿教师在职培训教材，幼儿园教师自学进修教材；也可作为高专学前教育专业和幼师学生的参考书，幼儿家长的参考书。对本套丛书存在的不足与疏漏，

　　此教材不仅适用于中等专业学校、中等职业学校、高等职业学校、大学专科及大学本科等院校的学前教育专业，还可作为幼儿园教师培训及自学进修使用。

　　对本教材存在的缺憾和疏漏，诚望广大读者给予指正。

前　言

　　为提高幼儿师范学校学生素质，为适合用人单位需要，培养全面发展人才，为具体实行指导学生动脑创造、动手操作，北京市幼儿师范学校艺体教研室美术教研组在研究《学前美术教育》（修订版）和《幼儿园教育指导纲要》（试行版）的基础上编写了这本教材。

　　参编教师从不同层次、视角，以提高学生动手动脑能力、积累掌握制作基础知识为着眼点，总结多年教学经验，精心编排此书。书中不仅注重知识的科学性、系统性，注重审美性、情趣性、实用性，还从学生的兴趣出发，注重能力的延伸性。

　　较之相类似教材，本教材具有如下特点：

　　1.注重情感、情趣、美感的渗透

　　美育教育首先是情感教育，美术教育是美育的良好途径。人类用泥土创造了别样的文化，实现了无数的美丽传说，创造了无数的神奇。用沉睡的"石头"演绎了钻石、玉石、玛瑙的前世今生……在博大的艺术发展史中，挥之不去的是超越实用的精神力量、美好情感的传达。

　　2.注重材料的开发和利用

　　纵观美术的历史，它不仅是人类观念的发展史，同时它还是探究美术材料与应用的历史。本书以材料为主线，详细描述和展现制作的技巧与设计灵感，书中不仅教授基本手工制作的方法，更多的是启发学生对同一种材料有不同的设计思路，对不同材料应用有独特的视角和方法。本书中提供大量图片用以拓宽观者的视野，开阔观者的眼界。

　　3.注重现代元素与传统理念及传统艺术的结合

　　"现代"仿佛是"多元化"的代名词。观念多元化、个性多元化、艺术形式多元化、艺术材料多元化……然而这不是"现代"与"传统"剥离的理由。本书注重传统文化和现代元素的结合，希望追求生命繁荣、热爱生活、乐观向上的民族精神能感染每个人。

4. 注重艺术门类间的相互融合

"艺术是相通的"。如何能真正体现这一点？本书编者做了大量的积累和实践尝试，家居装饰艺术、构成艺术、雕塑、雕刻艺术、服装艺术、民间艺术、绘画艺术、文学艺术、工艺、甚至音乐、舞蹈相互融合，这与《美术课程标准》相辅相成，对推广、探讨"综合"教育理念起到促进作用。对丰富学生视野，培养创造性思维模式起到良好的指导作用。

5. 突出幼教专业特点

本教材以孩子为本、学生为本的原则，内容难易结合、高精与稚拙结合。既可以完成中专标准，又可以做到各类教育内容都可转化成让孩子能够尝试的活动，有些图片就是幼儿实践的成果。编写者在综合材料的应用上潜心尝试，目的在于提高学生对各种材料的感知、认知能力，以便创造出适合儿童发展、丰富多彩的教育教学活动。

此教材不仅适用于中等专业学校、中等职业学校、高等职业学校、大学专科及大学本科等院校的学前教育专业，还可作为幼儿园教师培训及自学进修使用。

对本教材存在的缺点和疏漏，诚望读者给予指正。

教材中提供的内容有些需要制作步骤，有些一看便知的内容没有配步骤图。

另外，感谢大兴二幼、建设部幼儿园、西红门幼儿园等的大力支持。

本教材各章作者分别为：刘丽新，撰写第一、二、五、六、七章。杨小琴、周有维、刘丽新、张爽撰写第三章。张琦撰写第四章。另外，感谢连萌、陆薇、樊淑敏、韩晶晶、郑少华、刘瑜提供的创意与帮助。感谢北京市幼儿师范学校李文瑞、薛佳、邵娜、李婧、赵敏、张佳琪、史海娇、韩爽、吴海月、魏艳月、谢芳、李蕊、刘晶晶、王芳芳、崔楠、穆榕、刘旭等的大力支持。

在本教材编写过程中，北京幼儿师范学校的各级领导给予了大力支持，得到首都师范大学出版社张慧芳老师鼎力相助。在此，本书的全体编者表示深切谢意。

编　者

2010年7月

目 录

第一章
综合材料工艺制作的广阔空间

综合材料制作是现代文化架构下的产物，它将像美术一样，成为人类文化的一种载体，不仅会成为义务教育、幼儿教育、特殊教育等特定阶段和特殊领域的重要组成部分，而且还将发展成为有完整系统、有独立体系的一种文化艺术，以特立独行的姿态将人们的心智引向正确的世界观、人生观、价值观、审美观。

无论是自然界还是人类社会，蕴含无数种自然生成或是人类再造而成的物质和材料，每一种材料都有自己的独特语言。如：形态语言、符号语言、装饰语言、材料运用的逆向语言等。一张旧书页、书页间一片红叶、一把泥土、一只旧时的手套、一缕秀发可能都承载着一段情感或记忆。我们将这些零散的美丽情感用智慧与创造穿连成特殊的光环，戴在每一个孩子的颈项间，让孩子们在快乐中感受世界的斑斓，感受人类美丽的情感，感受创造带来的自信与坚韧。这些从感知中诞生的认知与思考，将占据孩子心灵中那片最稚嫩、最绵软的净土，那片净土上会诞生心智，让孩子受益终身。

第一节 综合材料工艺制作与工艺美术的关系

1. 工艺美术的特点

翻开工艺美术的历史，了解一下这门实用和审美完美结合的独特艺术，从中不难发现：

(1) 工艺美术的种类繁多。如：陶瓷工艺、青铜工艺、染织工艺、服饰工艺、雕刻工艺、漆器工艺、家具工艺等。

(2) 每一种工艺门类都有独立、完整的体系。

(3) 从材料的使用上，工艺种类间没有可以雷同或相融合的地方。

2. "工艺美术"与"综合材料工艺制作"的关系

(1) 从材料使用及工艺制作手段讲，二者有三点是共通的：其一，都在挖掘和研究材料的使用；其二，都在研究和实验新的工艺形式和手段；其三，都是审美和实用的结合。

(2) 二者之间具有从属关系。工艺美术有深厚的文化底蕴和悠长的历史，它是任何一种新兴工艺的知识和经验的源泉，综合材料工艺制作更全面、更综合地借鉴了前者，汲取工艺美术的精华，并且在此基础上加进现代的元素和审美取向，将多种材料巧妙地结合，体现出自身的优势和特点。

材料的开发和使用是工艺制作的基础。开发新型材料是开发新工艺的基础。现代社会媒介的高速发展，使艺术空前表现出多元化、个性化。艺术家们将古今中外的流派、设计理念、丰富的材料结合在一起，生成许多新型的艺术作品，也生成很多新的工艺材料和制作工艺。例如近几年市场上流行的软陶及制作工艺、丝网的使用及工艺等就是新开发的艺术门类。

综合材料工艺制作

第二节 综合材料工艺制作课程的价值

1. 综合材料工艺制作课程的独特魅力

艺术因为个性彰显魅力。综合材料工艺制作因既能纵向延展和传承知识，又能穿越工艺间材料的局限性而彰显个性。如：中国瓷器可谓举世闻名，自从商代烧成原始瓷至今，瓷工艺不断发展，然而发展过程中从来不能改变的是对"土"的研究和认识。综合材料工艺制作却能从陶瓷历史中汲取精华，借助纸材料传承我们的民族文化，在实践中引导孩子观赏中国的传统工艺，了解陶瓷工艺的发展史。经过研究和实验，实现了用旧报纸制作"青花瓷"的大胆创想。

除此之外，综合材料制作不只把材料作为艺术形式的载体，而是最大限度地彰显材料的个性魅力，把各种成品材料或自然材料的本质特性更好地展现在人们面前，使各种材料走向自我表现的绚烂舞台，冲击着人的视觉，展现着特殊的艺术魅力。

2. 发展想象力和创造力，综合材料工艺制作有更大优势

想象是创造的翅膀。丰富的制作材料和形式是创造的物质基础。想象和创造力的发展是衡量教育机构质量的指标，是儿童心理健康的一个标志。从两种艺术形式产生之初的目的性可以清楚地发现，工艺美术更趋向于实用价值。例如：早在新石器时代，彩陶的出现是为烧饭和储物。发展为独立的工艺后，陶瓷器皿是由专门的手工艺者制作，属纯粹的工艺传承。而综合材料工艺制作更趋向于发展想象力、创造力和动手能力。我们将每一种材料用在教学过程中，让创造和实践更具普遍性，不仅可以增加孩子的动手兴趣，还达到培养想象力、创造力、提高动手能力和审美能力的目的。

3. 综合材料制作更具趣味性

特别是针对学龄前孩子设计的题材和体裁，必须体现游戏性和趣味性，这是由于孩子的生理和心理发展需要决定的。如："灵巧的小猫"、"小鱼吐泡泡"、"会动的毛毛虫"等。

4.综合材料工艺制作课程凸显教育功能

利用制作的形式，鼓励孩子动手动脑，是提高孩子综合能力的途径之一。因此，任何一种材料在教学中的应用都带有明确目的性和方向性。例如：小班孩子知识经验少、观察能力弱、造型能力弱、识色能力弱、动手能力弱等，我们就引导孩子认识和观察有肌理的实物（如：各种植物的叶子）。然后用"拓"的技巧，灵活多样的设计教育内容，让孩子感受各种制作形式，提高审美兴趣和综合能力。

5.提高"工艺制作"的艺术性，体现艺术教育的最大价值

艺术教育是普通教育中的一门独立学科，是一门更具感性、更具浪漫色彩的学科。20世纪，西方美术教育一直徘徊在注重自我表现还是注重艺术本体之间。中国义务制教育中的美术教育在2000年6月拉开了帷幕。中国教育部基础教育司将艺术教育课程标准提到日程上来，对义务制美术教育标准做了长期、细致的教研。同时借鉴西方艺术教育的经验，结合中国的教育国情制定了自己的美育标准。2003年，教育部公布了《义务制普通学校美术教育课程标准》实验稿，明确而全面地规定了艺术课程中的组成部分，给从事艺术教育的工作者开辟出广阔的实践空间。

"工艺制作课程"是艺术教育中的重要组成部分。由于制作材料繁杂灵活，多年来侧重于如何培养孩子审美情趣、怎样对孩子作品科学评价、用什么形式引导孩子了解艺术和历史、观察孩子在实践过程中是否有创造等。因此，忽略了成果的美感、艺术性和完整性。从某种角度讲，在义务制美术教育中过度忽略技能技法的指导，孩子的作品就会丧失美感和艺术性。这样就不可能体现艺术教育的全部价值。艺术教育应该由两大部分组成：一是凭借教师的传导学生能感受和体验别人作品中的美，从而达到提高审美情趣的目的。二是学生的自我实现。从创作和实践中体会成功的喜悦和乐趣，从而形成健全、健康的人格。后者对激发孩子的艺术兴趣和尝试艺术活动的主观愿望更重要。

第三节 综合材料工艺制作的广阔空间

俗话说："巧妇难为无米之炊"，意思是说厨艺再好的巧妇，如果没有柴米油盐也做不出好吃的饭菜，借以说明物质基础的重要。在工艺制作领域，丰富的材料是孩子自我实现的物质基础，是孩子想象和创造的物质基础。在这门功课中，研究者智慧地引导孩子发现生活中可用的材料，灵活多样地启发孩子的创造灵感，从而为孩子的健康成长开拓了广阔的艺术空间。不仅为孩子"打开了一扇窗，同时为他们开启了一扇门"。让孩子们快乐地畅游在广阔的艺术海洋里，在历史中欣赏、感受前人的睿智和经验，在中西艺术中开阔眼界，在动手操作中体现创造的无穷乐趣。用生动的形式、丰富的想象点亮孩子的心灯，擦出的每一颗珍贵的艺术火花照耀孩子的一生……

制作活动过程

学生用纸制立体娃娃表演

纸制服装表演

演出排练

戴自制头饰表演

生动的制作课

综合材料工艺制作

戴自制头饰在自制布景前排演

自制小桔灯

合作创作纸浆作品

用PVC板自制布景

盛大演出

勾画用废报纸拓制的"青花瓷"

形态各异的"青花瓷"

　　自我实现的成果,让手工制作走上舞台,走进有趣的表演,再现出了历史沧桑中的青瓷古韵,再现了综合工艺制作的无穷魅力……

　　综合工艺制作课程的生命会越来越长,越来越宽,越来越厚……因为越来越多的艺术教育研究者、美育教育工作者、制作爱好者都投入到其中,以孩子的健康发展为目的和桥梁,在综合工艺创造的路上携手并肩。

第二章
工艺制作的材料分类

工艺制作材料纷繁复杂，不像纸类、金属类、木质类等有清晰的界限，我们很难给这些综合材料确切归类，此章节对材料的分类是根据材料外部形态的不同。

在工艺制作中，顺手的工具就是有力的助手。常用工具有：圆规、裁纸刀、剪刀、打孔机、刻刀、订书器、刀子、乳胶、胶条、胶枪、电烫枪等。

工艺制作活动的前提是对材料的认识和分析。能清楚了解材料的特点、外部形态、色彩、质地是非常重要的。首先，可以在收集材料的过程中快速分类。其次，可以根据材料特质不同，创造新的教学活动。第三，当你知道哪些材料可以分解后再重组，哪些材料做不到这一点的时候，会顺其自然地选择可变材料进行创造。我们生活在物质的世界里，能用于工艺制作的物质材料灵活多样、千奇百怪。在多年的教学中，经验告诉我们按照材料的外部形态分类是最科学、最容易的一件事情。但无论按什么标准分类，最重要的是要清楚地了解每一种材料的特性和特征，做到巧妙利用各种材料进行制作，这才是最关键的。让我们共同收集各种材料，对其认识和分类吧。

1. 点状材料

点是相对的。点是所有形态之源。在所有造型元素中，点是最简约的元素。点在画面中所起的作用好比乐曲中的音符。我们按照美学规律，把点进行形态、大小、疏密、起伏、跳跃等艺术加工，就可以使点体现出节奏、舒缓、强弱、韵律等类似乐曲的美感。同时，点可以表现丰富的画面效果。可体现朦胧、虚幻、细致、丰富层次和联想，既变化又统一，很耐人寻味。

我们常见的点类材料有：豆类、米类、坚果类、纸材料制作的点、线材料截取的点、钉子等。

由于点是相对的，外形可以很丰富。在天地间人可以变成点，在宇宙中星星就是点。扣子、树叶、花朵在某种范围内都可以变成点。因此，我们用心观察生活，会发现到处是我们可以利用的材料。

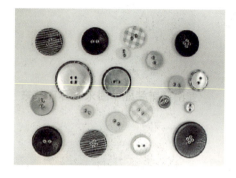

大珠子

综合材料工艺制作

彩沙

小彩珠

2. 线状材料

线是相对的。线的形成被人们认为是点移动的轨迹。在视觉艺术中，线会因为方向、粗细、虚实、长短、曲直、光涩等状态的变化，产生不同的视觉感受，形成不同的形式和风格。在古老的东方艺术中，线表现出极强的造型能力，能在结构、节奏、韵律等方面发挥巨大的作用。

生活中常见的线材料有：毛线、纸质线、铁丝、麻棉绳类、植物或禾本类茎秆等。

自制纸线 毛线

麻绳

树枝

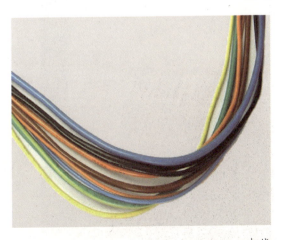

电线

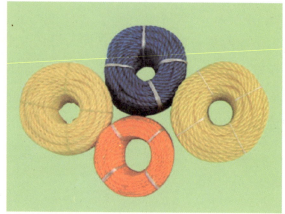

塑料线

纸条

毛根

3. 面状材料

面是相对的。有大小、虚实、空间、位置等变化。面积大小、形态和色彩的变化可以产生前进、后退、扩张、收缩等视觉感受。空间、位置的变化可产生虚实、层次等视觉感受。

常见的面状材料有：各类纸张、布等。

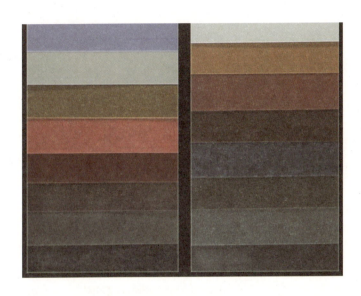

包装纸

压花纸

皱纹纸

即时贴

彩色打印纸

棉纸

硬皱纹纸

布料

皮纹纸

麻袋片

4.泥状材料

儿童综合能力发展理论中，很多文字都在强调培养孩子动手能力的重要性。泥的工艺制作就是很好的手段之一。泥材料介于固态和液态之间，可塑性大，是学生认识空间关系、实现空间造型，并将感知和认知有机结合的好材料。

可用的泥材料除市场上常见的可塑泥、陶泥、软陶泥、彩色泥、不干泥、纸黏土、超轻纸黏土等材料外，面泥和纸浆泥是值得尝试的材料，因为它们不是成品材料，制作这两种泥材料的过程就充满了乐趣。

超轻纸黏土

手塑泥

彩色橡皮泥

纸浆泥

环保彩泥

陶泥

5.块状物

块状材料属于固体材料，视觉效果厚重、坚韧。常见的如：大小和形状各异的石头、木头、可用的铁类等。蔬菜、水果也可利用。

块状材料不像面泥、纸浆泥可以自制，但自然界的块状物大小、形状、甚至颜色异彩纷呈，我们可以结合课程需要收集不同材料，创造各异的教学内容。

马赛克

彩玻璃

6. 快餐用具

可收集的快餐用具有两类：纸质和塑料餐具。如碗、盘子、杯子、叉子、勺子等。

7. 絮状物

絮状物多指棉花、丝棉、羽毛等绵软材料，一般用于形象的内部填充。

棉花

羽毛

羽绒

羽毛

8. 另类材料

在日常生活中，有些材料可以利用，但我们不能将其归纳在某一种类或范围内，我们就将其归在另类材料里。

吸管

塑料袋

纸提袋

纸箱

玻璃瓶

公文袋

第二节 材料使艺术更精彩

　　现代艺术的多元性和融合性凸显了材料自身的价值。很多创造艺术的人逐渐将目光集中在材料的开发和使用上，这种理念不仅丰富着现代艺术，而且，也冲击着传统绘画艺术。人们尝试着将岩彩、水粉色运用到宣纸上；尝试着将写意特征的画移到画布上。很多时候，我们不仅能够宽容地接受这种似是而非的创意，而且，常常被不同材料的介入冲击了眼睛，心灵随之产生莫名的震撼。因为，无论是什么材料，在使用和表现上都有各自的形态语言、符号语言、装饰语言和超越平常状态的逆向语言。我们相信材料各自的物语！就像我们相信鱼儿、鸟儿、风儿、虫儿都能互相倾诉、互相传递信息一样。无论富贵与贫穷，在每个人的心灵最柔软的净土上都有挥之不去的物语。一朵干枯的玫瑰、一缕黝黑头发、一只破旧的手套、一个褪去颜色的信封、一抹惨淡的斜阳、一棵写满年轮的老树……是不是你心灵深处最美好或最伤痛的记忆呢？

染色剪纸

　　物本身拥有的形态、色彩、质地、肌理等会告诉我们：哪些是柔软或坚硬的、哪些是华丽或朴素的、哪些是秩序或无序的、哪些是张扬或内敛的……这就是我们探讨材料的价值所在，它不仅要求我们勤劳地思考和收集，还要求我们认真地审视和设计。

丝绣

综合材料工艺制作

22

民间绣品

麦秆作品

毛绒作品

蜡染

蜡染

蜡染

染色剪纸

稻秆编制

综合材料抽象作品

综合材料粘贴作品

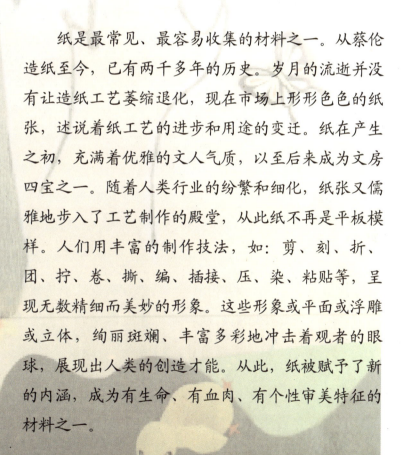

第三章
纸材的利用和工艺制作

　　纸是最常见、最容易收集的材料之一。从蔡伦造纸至今，已有两千多年的历史。岁月的流逝并没有让造纸工艺萎缩退化，现在市场上形形色色的纸张，述说着纸工艺的进步和用途的变迁。纸在产生之初，充满着优雅的文人气质，以至后来成为文房四宝之一。随着人类行业的纷繁和细化，纸张又儒雅地步入了工艺制作的殿堂，从此纸不再是平板模样。人们用丰富的制作技法，如：剪、刻、折、团、拧、卷、撕、编、插接、压、染、粘贴等，呈现无数精细而美妙的形象。这些形象或平面或浮雕或立体，绚丽斑斓、丰富多彩地冲击着观者的眼球，展现出人类的创造才能。从此，纸被赋予了新的内涵，成为有生命、有血肉、有个性审美特征的材料之一。

第一节 纸类工艺制作的基本技法

平板的纸是它的最初形态，我们必须根据需要改变纸形，将其转变成多样的点，丰富的线和千姿百态的面，再将这些基本元素组合成不同风格的形象。其中蕴含着造型、配色等美学规律和技法。

综合材料工艺制作

1. 剪

（1）"剪"字中的文化

"剪"字不难理解，是个动词。但在工艺制作中，它的内涵和外延就不是那么简单了。它表述的不止是个动作，还包含：用什么剪？怎么剪？为什么剪？剪什么？等深层次的思索和技法。

剪纸的历史可以追溯到两千多年以前。两千多年中，聪明的中国妇女在平凡的纸上剪出了气壮山河的豪气，剪出了阴柔妩媚的内敛，剪出了趣味横生的传说和故事，剪出了人间最美好的情感，剪出的仙人能保佑世人的平安，剪出了人类几千年的文明，剪出了中国民间特有的审美特征。

（2）剪的基本技巧

折叠剪、掏剪、破剪、游剪、破毛剪等。

2. 刻

常在剪纸中见到刻的技法。刻和剪在剪纸中是密不可分的。根据工具和材料不同，刻的技法应用的更广泛。如：刻印戳、石刻、木雕刻、版画中的刻板等。

3. 折

表面看它只能形成线或印痕，实际上是一种了不起的技巧。一张平面的纸，不需任何技法辅助，只用折法就能形成异彩纷呈的各种造型。（瓶、灯、扇等）。

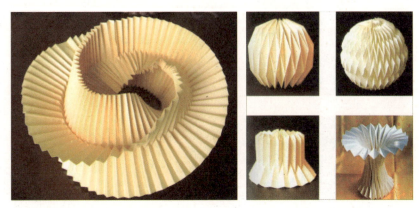

欣赏：

4. 编

主要是将各种材质的线成型的技巧,是从民间手工艺中借鉴而来的。

欣赏:

席编

绳编

线编

综合材料工艺制作

纸条编

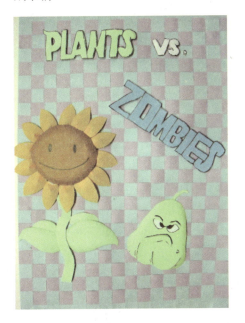

纸绳编

藤编

植物叶编

5. 镂空

是装饰技法之一，将平面或立体形镂去一部分，保留需要的图案。看上去图案突出，有通透感，别有韵味。建筑、家具甚至服装都有镂空的痕迹。

欣赏：

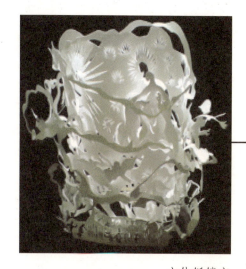

立体纸镂空

镂空衬纸

葫芦镂空

卫生纸芯镂空

6. 团

是将平面材料进行褶皱处理的技法。为了特殊需要，还可以将平面材料团起来塑成某种体积或形象。

7. 压

很像泥工当中的手法，是将立体的形状压下去变平整。而在纸工艺中用压的方法，是让平面的纸有立体的感觉。

8. 插接（插球、动物、装饰画、灯笼）

是组合方法之一。是将零散的部分按照设计插接在一起，使其形成完整的形象。

欣赏：

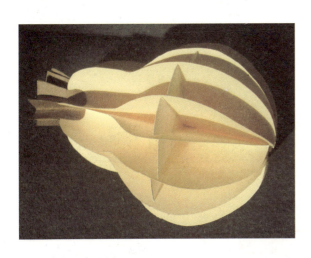

9. 拧

和团相似，但比团成型紧凑、结实，可以更细致、更具象地塑造形象。

10. 卷

是将正方或长方形纸卷成粗细各异的纸筒，然后再造型。也可将纸条卷成松紧不同的纸卷，然后再造型。我们可以尝试用不同材质的纸卷，也可以尝试不同的粘贴方法。

欣赏：

瓦楞纸卷制的形象

挂历纸作品

11. 搓

主要指对软皱纹纸再造型的一种技法。

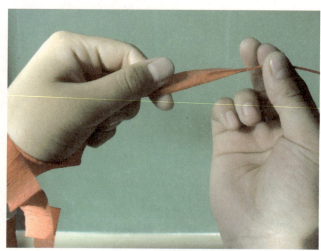

纸线与铁丝结合

纸线与薯片筒结合

12. 粘贴

并不是纸工艺中的自然流程，而是有一定技巧的。我们在粘贴环节要解决：用什么材料粘？怎么粘？粘哪里？单层粘还是多层粘?等问题。粘贴方法不同，粘贴时使用的材料不同，形成的视觉效果和意义便产生差异。

欣赏：

 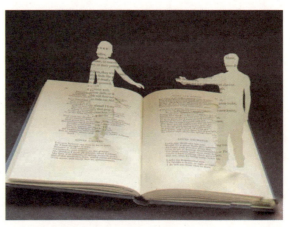

13. 染

染是纸材料制作中的一个技巧。在纸材料制作中，不宜出现明显的线和涂色痕迹，否则会破坏纸制作的视觉效果和精致度，如果需要细微改变纸的颜色，使其色彩变化丰富，一定使用棉签，蘸粉状颜色，轻轻染，使纸面自然变色。

欣赏：

染色剪纸

点色染纸

综合材料工艺制作

第二节 平面纸工

平面纸工是用各种品质的纸张，经过剪、刻、粘贴等技法，制作出各种形象，用于装饰环境或教学内容的设置等。

一 剪纸

1. 传统剪纸简介

剪纸成形于魏晋，产生于东汉，起始于西汉。最早的剪纸在新疆维吾尔自治区吐鲁番地区的南北朝墓葬中出土。这些剪纸都是用对折方法剪成，展开后呈团花状，剪纸技术成熟、构图饱满，充分反映了当时剪纸流行之广。唐宋时期民俗剪纸制品除用作面饰、灯花外，还有丧葬用剪纸制品，使用非常广泛。宋代造纸成熟期，出现了许多剪纸花样的店铺。剪纸已真正进入普及阶段。元代进一步发展，巨型龙灯船将数百个神话、戏曲人物的剪纸装饰在龙船上。到了明代出现了折扇剪纸，在折扇的两层绵纸之中夹着图案剪纸，映日观看，隐隐若现，清新秀丽。到了清代，因满族人有剪纸的习俗，致使剪纸进入故宫。此时，剪纸的题材更加多样，并随着文化历史的发展远播丝绸之路。随着剪纸艺术应用领域继续扩大，剪纸已由单纯的民间装饰发展到文学插图、漫画、邮票、年历、舞美、动画片、商标设计等诸多方面，作为一种民族传统艺术形式在国际上受到很高的赞誉和评价。

2. 剪纸的题材与内容

民间剪纸的题材非常广泛，它既反映现实生活中喜闻乐见的美好事物，也表现自己对未来美好生活的向往。从剪纸艺术的题材中，不难看出作者质朴、淳厚的思想情感。

（1）实际生活题材

作品题材大部是取材自己的实际生活，如喂鸡、养猪、田间劳动等，有的直接表现饲养的家禽。也有的表现生活中常常见到的植物，如：梅、兰、竹、菊等，还有各种瓜果、蔬菜等。因为这些题材都来自生活，所以剪纸作品表现的内容生活气息就十分浓厚。

（2）吉庆寓意题材

民间剪纸在题材上采用托物寄情的寓意手法。常用的有以下几种：

★借音取意法：用相同或相近的字词音表示吉祥寓意，比如剪刻上莲花和鲤鱼就寓意"连年有余"，这里以莲谐"连"，以鱼谐"余"。

★借形取意法：将某一形象进行简化作为代表。比如：刻上一朵云彩，就表示是天空，刻上一朵雪花，就表示是冬天下雪了。

★借物取意法：借某一物象（植物、动物、人物、器具）等来表示一个概念，使人产生联想。如：松树象征长青不老、富贵延年。喜鹊登梅象征喜事临门……

★符号寓意法：如：方胜纹，表示同心相连含义；十字纹，表示太阳和生命含义；福字纹，表示生活幸福含义。

★综合取意法：在剪纸创作中往往将上述几种取意法结合起来，以表达不同的主题含义。如：表达吉祥如意、纳福招财、祈子继嗣等主题思想。

（3）神话故事题材

神话故事不仅通过戏剧形式广泛地流传，而且还可以通过剪纸这一艺术形式来表现。如江浙一带流传着"白蛇传"、"红楼梦"等故事情节的剪纸作品。而在北京则盛行京剧脸谱剪纸，此外诸如"八仙过海"、"嫦娥奔月"、"老鼠嫁女"等民间传说故事更是剪纸普遍表现的题材。

我们也可以启发引导学生，在掌握剪纸技巧和特点的同时，可观察生活，自己设计制作剪纸作品。

欣赏：

综合材料工艺制作

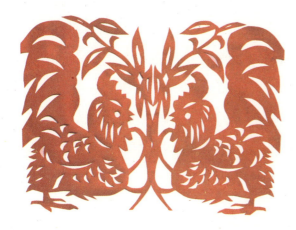

3. 剪纸艺术的分类及表现手法

剪纸艺术的分类：

（1）细纹剪纸：又名细纹刻纸，流行于乐清。其构图秀美，刀法精妙入微，细如发丝；疏密有致，和谐美观，图案内容包括花鸟、人物等。

（2）熏烟剪纸：是传统剪纸中一种"翻样"的技法。制作方法将作品放在白纸上，先用清水喷湿，然后在油灯烟子上熏，熏黑后，揭去花样，纸上留取洁白的纹样，最后照样复剪。其特点是黑白对比鲜明，虚实相间。

（3）勾绘剪纸：又名"绘色剪纸"。是剪纸和描绘结合的一种形式。其制法有两种：一种以剪刻为主，其风格素雅文静。另一种以金箔纸刻为主，然后衬纸着色，再勾勒线条。风格华丽热烈。

（4）斗色剪纸：又名"拼色剪纸"。是采用各种色纸拼斗起来的剪纸。色纸多用蜡光纸，用小刀刻制。其特点是，变化丰富，富丽堂皇，别有情趣。

（5）折叠剪纸：又名"折剪"。将色纸折叠起来，剪出均齐式花纹的剪纸。单色居多。其在中国剪纸发展中是较早出现的一种形式。

（6）点色剪纸：是彩色剪纸的一种，又名"点色"。方法是将剪刻以后的作品，点以色彩并渲染。多用宣纸或连史纸。其特点是施色艳丽，有强烈的民族特色。

（7）木印剪纸：是剪刻与木刻印制相结合的一种剪纸。其效果具有民间年画的特征。

（8）分色剪纸：是在同一画面里，采用不同色纸剪出的一种不同物象的剪纸。其特点是色彩丰富，自然美观。

（9）衬色剪纸：是在单色剪纸下衬以色纸的剪纸。其衬法大致分为三种：一、整体衬一种色纸；二、按照不同部位的特征进行配色；三、抛开形象轮廓的特征，在剪纸下，衬以各种色纸，使衬色与主纹相交错。

（10）填色剪纸：是彩色剪纸的一种。将剪好的阳刻正稿附在白纸上，在空白处用毛笔根据需要填色，多以平涂为主，个别地方稍加渲染。

（11）单色剪纸：又名"黑白剪纸"，是指单一颜色的剪纸。以红、黑、白等单色剪纸居多。它是流行最广，数量最多的一种剪纸。单色剪纸的特点，黑白分明，单纯大方，富有感染力。

剪纸艺术的表现方法：

剪纸的表现方法众多，重点分为单色和彩色两种。

（1）阳刻剪纸：是采用红纸、黑纸或其它颜色的纸张材料剪刻出来的单色剪纸作品。其特点是保留住原稿的轮廓线，剪去轮廓线以外的空白。其每一条线都是互

综合材料工艺制作

相连接有序的，牵一发将动全身。

（2）阴刻剪纸：阴刻剪纸的特点与阳刻剪纸相反，就是刻去原稿的轮廓线，保留住轮廓线以外的部分。其特征是，线条不一定是相互连接的，作品的整体效果是以面状形式呈现出来的。

欣赏：

四折剪

五折剪

团纸剪

八折剪

4. 趣味剪纸

趣味剪纸是传统剪纸的延展，是针对学前和义务制教育阶段孩子的年龄特点生发出的一些技法和教育手段。既有教育性和艺术审美性，又有创造性和趣味游戏性。它的灵活和易趣彰显出别样的价值。

（1）易趣纸工

易，是难的反义词，这种方法的特点就是解决纸工活动中难和无趣的问题。例如：在很多幼儿园延续折纸的内容，这个内容是否符合幼儿园纲要的"快乐与发展"？是个值得探讨的问题。而易趣纸工内容灵活易掌握，可根据不同年龄孩子特点调节难度，张弛变化灵活，既有趣味性、教育性，又开发孩子的想象力。对发展孩子动手能力、感知能力、自我实现能力都有很好的作用。例：长方形纸的畅想。

欣赏：

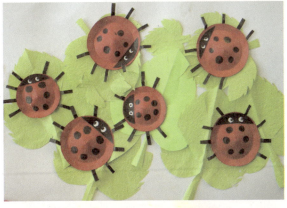

（2）脱稿剪纸

　　脱稿剪纸：是近几年多见于学前教育中的一种纸工。没有程式性的规则，主要靠引导启发孩子观察，在获得视觉经验的同时脱稿剪出形象。徒手剪出的形象生动、执著，动感强。富有个性审美特征。此类剪纸活动能够锻炼孩子的观察力、归纳能力、手眼协调能力、表现能力等。但这种剪纸需要对孩子进行系统、长期的训练。

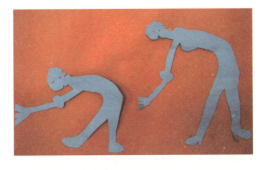

欣赏：

（3）图底拼贴剪纸

图底拼贴剪纸：可以在规则形状的纸上（如：方形、长方形、三角形、圆形、半圆形、椭圆形等），设计出抽象或具象的纹饰图案。然后，把图案沿线剪下，再将图和底同时拼贴在一张较大的纸上，形成饱满、完美的"画面"。此方法可以启发孩子认识点、线、面等造型元素，了解点、线、面的丰富外形，训练构图能力、审美能力和解决"画面"问题的应变能力等。

欣赏：

（4）剪纸成为现代造型的元素

现而今，剪纸的天地更为广阔，它走入现代设计的广阔天地，走进产品包装设计、商标广告、室内装潢、服装设计、书籍装帧、邮票设计、报刊题花、连环画、舞台美术、动画、影视等各个领域；走向世界，成为全世界的文化艺术的财富与瑰宝。

二 撕纸的方法和应用

1.撕纸材料的选择

撕纸形式选择的纸张没有具体要求，只要撕后能产生毛边即可（如：毛边纸、广告宣传纸、皮纸等）。撕出的毛茸茸形象有质朴、大气、厚重、粗犷的视觉效果，与其他艺术形式相比有明显的区别，具有独特的艺术风格。撕纸的形式不适合"细腻刻画"，如果想让撕纸"画面"更加饱满和生动，可以将撕纸和画结合在一起，形成别样的视觉效果。

2.撕纸的方法

撕纸是针对较小孩子不会用剪刀的特点而生发出的美工制作形式。撕纸训练和脱稿剪纸训练有相似之处。初期，可以观察大而概括的东西，如：苹果、梨等，获得视觉经验后再撕。也可以先画出草稿，然后沿线撕。

（1）沿线撕

（2）脱稿撕

（3）折叠撕

为了保持撕纸稚朴、拙简概括、易趣生动的特点，一般选择脱稿撕纸。

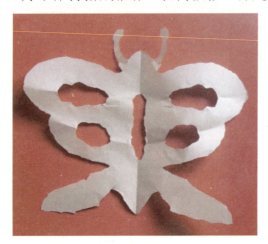

3. 撕纸活动的难易与张弛

撕纸看似简单，好像只能是很小孩子的一种游戏。其实根据计划和设计，学龄前大班甚至义务教育阶段的青少年都可以用这种方法完成教学活动。如：主题性撕纸活动、国画特征的撕纸等。

小品画 花

5号 街景

猫

农家院

奔

时装女郎

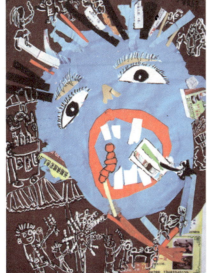

吃

风景

斗牛

甜

静物

人生

小虫

三 剪贴

　　剪贴，要有预先设计的图稿。一般需要画、剪、粘贴几个步骤。这种形式可以将剪贴完成得精致、细腻，富有叙事性、装饰性。

　　欣赏：

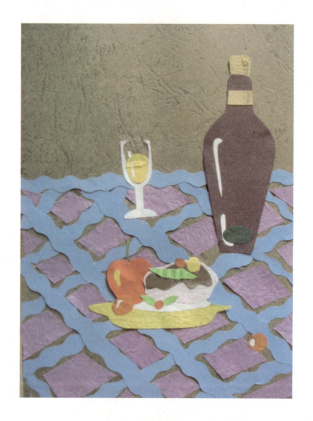

四　图形拼贴

　　图形拼贴多设置在幼儿园的区角活动中。用各种大小不同的规则图形，拼贴各种形象，内容不限，可以是人物、动物、植物、建筑、交通工具、生活用品等。主要目的：引导孩子观察生活，提高概括能力、动手能力等。

　　欣赏：

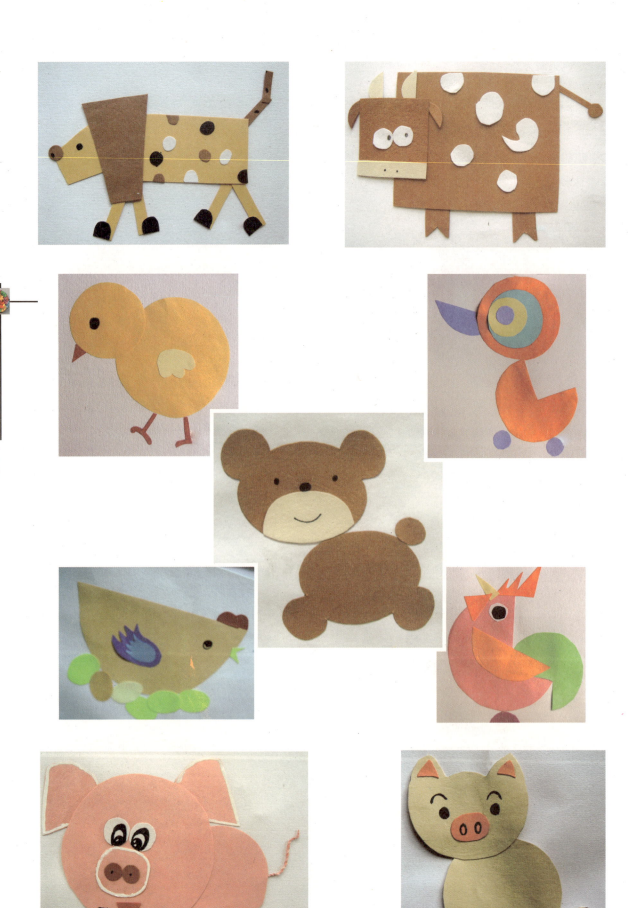

综合材料工艺制作

综合材料工艺制作

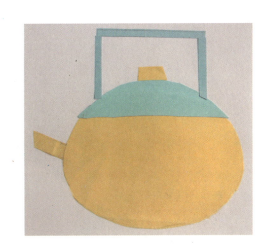

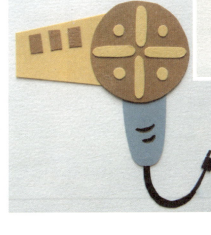

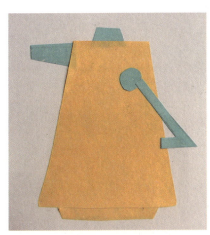

五 折纸

1. 复杂折纸

复杂折纸多利用方形纸，多步骤的折出形象。虽有难易但过程抽象，在教和学的过程中，师生都存在不易解决的问题。我在三个大班孩子中进行折纸实验，九十多个孩子中能完整独立折出形象的只有7个。经实践和总结，复杂折纸不适合在孩子的教育活动中实现，特别是低幼孩子。

2. 易趣折纸

易趣折纸是在复杂折纸的经验总结中取长补短。巧妙的引导孩子掌握对边折、对角折、四角中心折等概念的知识经验。

六 染纸

染纸是利用生宣纸易吸色、吸水的特点，组织孩子用彩色墨水和毛笔，蘸染或点染出色彩斑斓的图案。过程简便易学易控，孩子很容易从中体会到成功的快乐。染色效果必然和偶然结合，带给孩子无限想象和惊喜，是孩子喜爱的手工形式之一。

1.染纸过程和方法

★调色：用彩色墨水调色的过程很简单。将不同颜色分别倒入不同容器中，将深色的颜料中倒进适量的水（如：深绿、深蓝等色很深，猛看上去像黑色，当倒入适量水时，会明显的看出绿和蓝色）。浅色颜料加少量水（如：柠檬黄）。

★折纸：将裁好的正方形生宣纸用对边折或对角折的方法折叠好备用。

★蘸染：将折叠好的纸直接在色中蘸染。注意：冷暖色、深浅色搭配才会有好的效果。

★点染：点染是对蘸染的补充。蘸染效果带有偶然性，效果不如意时可用点的方法补足。

★晾纸：染好色后，细心地将纸打开，平贴在玻璃或其它平整的板上，让纸上的水分自然挥发。待到八成干时，将染好的纸取下，平整的夹在书里，借助书上的纸吸附、挥发剩余的水分。

2.染纸的应用

如果说染纸的过程注重配色和动手操作，那么将染好的纸进行再利用，注重的是创造。

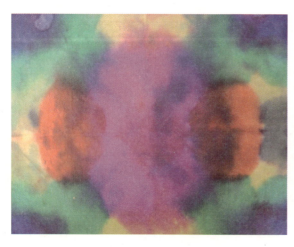
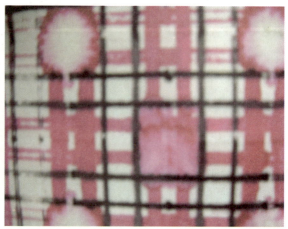

第三节　纸浮雕

　　纸浮雕，一个既古老又新奇的名词。原因在于：我们用现代材料为媒介元素，借鉴雕塑艺术中浮雕的特征，用多种纸工技巧，制作出各异的浮雕形象，形象一面附着在背景或纸张上，另一面在光线下产生明暗效果，我们称之为纸浮雕艺术。

欣赏：

一 纸浮雕成型的基本方法

1. 折叠成型
运用折叠或折线成型的方法制作的形象见棱见角，型的转折清晰明快。

2.压边成型

运用压边成型的形象柔美、委婉，边缘饱满、流畅，形象圆润可人。

纸材料之所以神奇，是因为我们可以根据纸的特性将其转化成点、线、面甚至体，使这些造型中不可缺少的元素，闪耀出瑰丽的光芒。

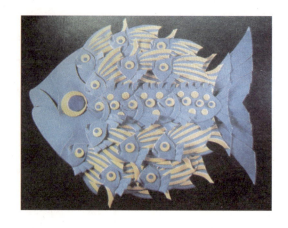

综合材料工艺制作

二 主题制作

欣赏:

勤劳

盛开

憩

蜗牛旅行

门环

舞

静

嬉

偷油

综合材料工艺制作

第四节 立体纸艺

　　立体纸工艺是根据空间关系划分形成的概念，是用各种制作方法将纸类材料转换成各样立体形象。

一 能站立的形象

1. 对折形象

　　利用不同纸形对折，设计、剪、装饰出各种形象，用于制作教学、故事、游戏等活动。

2. 纸筒形象

将长方形、扇形、正方形纸制作成筒状、锥状，在此基础上，设计、制作出的形象。可以站立在桌面，用于故事、儿童剧等，起到类似木偶的艺术效果。

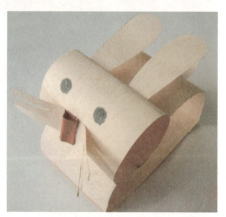

二 手指纸偶形象

手指纸偶形象是戴在手指上的纸形象。可以用于故事，也可以锻炼孩子的手指，使其灵活。还可以结合辅助材料（如：手纸芯、薯片筒等）进行拓展性制作。

欣赏：

三 挂饰：装饰空间的饰物

挂饰是幼儿园常用的装饰物，用于空间位置的装饰。制作挂饰的方法很多，可用的材料也丰富。

球体造型(一)

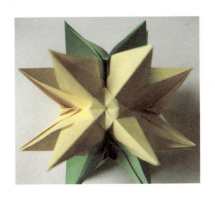

制作材料：

六张方形的纸张（纸张不要太薄太软），颜色可以根据您的喜好来选择。

制作步骤：

（1）首先将方形纸对角线对折，然后复原，留下折痕。

（2）然后将纸翻转过来，十字交叉对折，复原留下折痕。

（3）将纸折叠成双三角形模型。

（4）将前面左右两个底脚折向中线，再将新折痕折向中线，然后复原，留下折痕。背面也按照相同的方式进行处理。

（5）将顶部依照图示向下折叠，然后复原留下折痕。

（6）再将顶部折向上一步所形成的折痕，然后复原，留下折痕。

（7）再将最尖端的小三角形向内折去。

（8）再依照图示将三角向上翻，左右两边依照折痕压平。

（9）左右两边都完成后如图所示。

（10）背面也按照相同的方式进行处理。

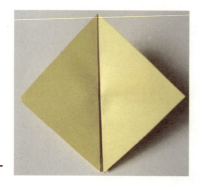

（11）将模型前方的右边部分折向左边，而将后方的左边部分折向右边。

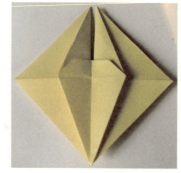

（12）将模型前方的下半部分向上折。

（13）背面也按照相同的方式进行处理。

（14）然后依照图示将模型打开。

（15）这样一个单元就完成啦。你需要按照这样的制作方法完成6个模型。

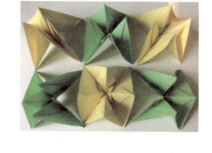

（16）然后将模型两两进行组合。

（17）继续组合。

（18）再将6个模型如图样式进行组合。

球体造型（二）

制作材料：

    数张方形的纸张（纸张不要太薄太软），颜色可以根据您的喜好来选择。

制作步骤：

（1）正方形纸对角线对折一次。   （2）另一条对角线折叠一半。

（3）翻转，十字交叉线对折。   （4）一个角的两条十字交叉线向对
                                    角线对折。

（5）将上面的小角向内折叠。

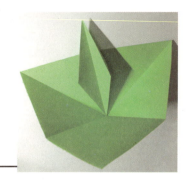

（6）将模型前方的右边部分折向左边，而将后方的左边部分折向右边。

（7）打开。

（8）将三个小角均按此方法依次折叠。

（9）将每个角按照折痕折叠。

（10）继续按照折痕折抵。

（11）余下一个角，其余三个角均向内折叠，这样，就折好了一个花瓣。

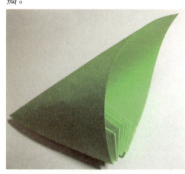

（12）五个花瓣组成一朵花。

（13）完成球体造型。

欣赏：

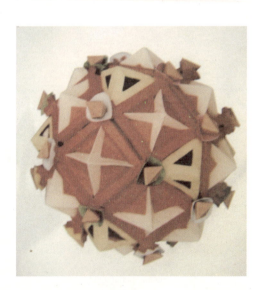

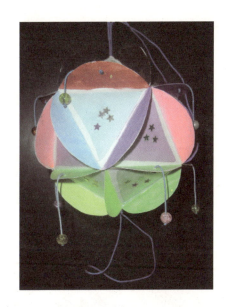

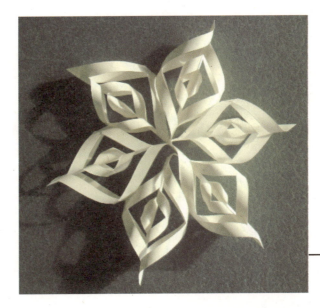

四 头饰

1. 头饰的用途

　　头饰一般戴在头顶或前额上，标志性的体现角色，故称为头饰。它一般在讲故事或课堂儿童剧中象征性改变身份、分辨扮演的角色。例如：扮演小猫、大象等。另外，还用于体育游戏当中。是装饰在额头上的饰物。

2. 头饰的基本制作方法

　　头饰的基本结构只有两部分，其一为富有标志色彩的头形象，如：兔、猫等。其二为系于额头的带子。

课后成果

演出之前

五 面具

面具是盖在脸上，用以掩盖本来面部表情或特征，充分体现面具角色的特点。在威尼斯有专门的面具节，在这个节日里，各界人士平等聚会。人们身穿盛装，戴着面具，贵族可以变成乞丐，乞丐可以变成国王。正是这种角色的转换，吸引很多人。

欣赏：自制面具

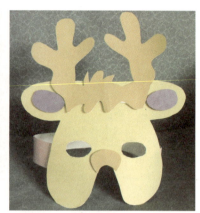

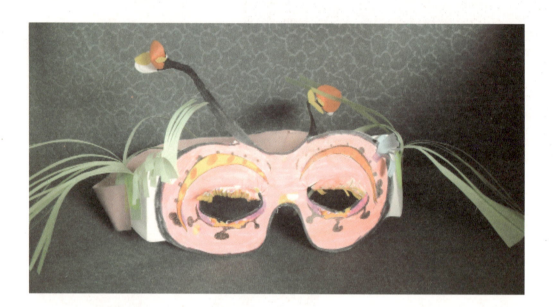

欣赏：手绘、制作相结合的面具。

六 花艺

花，是自然界中的尤物，是美的化身。无论你在田间小径还是在悠悠庭院，只要看到一抹艳色，便会心情大悦、顿时神轻气爽。在生命中的任何一刻，只要收到充满友好的鲜花都会让你念念不忘。这就是花的神奇之处，它不仅能点缀自然，更重要的是它能和人的心灵相通。不需多言，手拿一朵红色的玫瑰，人们便知你要向某人表达爱意。一捧百合是百年好和的祝福。康乃馨是送给妈妈或长辈的最好礼物……我们学会用纸制作花，不仅能永久的留住花开的瞬间，留住美丽的生命，更重要的还能赋予纸张不灭的灵魂。

欣赏：

综合材料工艺制作

几种花艺的制作步骤:

剑 兰

（1）用展开的纸藤或手揉纸剪一组如图所示的形状约三十个左右。

（2）用千枚通将上端两边成角度卷曲，并挤压出细碎的纸纹使其与花瓣的纹理相似。大拇指与食指配合塑造出花瓣的形状。

（3）将一个花瓣卷曲，粘贴在细铁丝上，用手捻紧。

（4）将第二个花瓣卷曲，与第一个花瓣相对粘贴，花瓣上方基本水平，用手捻紧。

（5）第三个和第四个花瓣分别粘贴在前两个花瓣交接处的两端。花瓣上方基本水平。

（6）同样的方法粘贴第五片花瓣使花的上方呈圆形。

（7）准备多个叶片作为花托和包花杆用。

（8）将五朵花用绿纸包裹粘贴在花杆上，相对交错，排列要自然。

（9）成品剑兰。

风 信 子

（1）用展开的纸藤剪一组圆形约十个左右。

（2）以圆形中点为准，对折成半圆，再以圆心为准再对折三次，成锥形。

（3）将锥形较宽的一端剪成半圆形。

综合材料工艺制作

（4）将所有的折痕位置均向圆心处剪开约三分之二。

（5）圆心处开一个极小的洞，并将每个花瓣由根处掐紧拧两圈。

（6）将拧住的花瓣逐个拧回原位，花瓣的方向尽量自然。

（7）用绿色纸藤或手揉纸剪出叶子，中间加细铁丝（细太卷），两两相粘并抚平。

（9）成品风信子。

（8）步骤图。

郁 金 香

（1）用展开的纸藤或手揉纸剪一组如图
所示的形状6对（12片）。

（2）用细棒或细笔杆将上端两边成角度卷曲，并挤
压出细碎的纸纹使其与花瓣的纹理相似。

正 面　　　　　　　　　背 面

（3）将两个花瓣中间对接在一起，中间加细铁丝。

  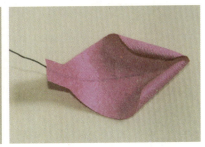

正 面　　　　背 面　　　　　　　　　侧 面

（4）花瓣与叶片步骤图。

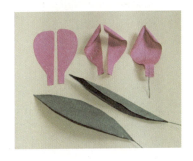

单枝图例　　　　　　　　　　　组合图例

鸢 尾

（1）用白色伸缩纸剪出如图所示的图形3片。

（2）从中间用手抻开，形成自然的花瓣形。

（3）用蓝色纸藤中间加细铁丝对粘成花瓣，做3片。

（4）用白色纸藤中间加细铁丝对粘成花瓣，做3片。

（5）也可将叶片做一些染色处理。

（6）将花瓣组合。

（7）用绿胶带缠上叶子。

（8）在花杆上加上花托。

（9）花瓣与叶片步骤图。

综合材料工艺制作

范例：

康 乃 馨

（1）用展开的纸藤或手揉纸剪一组圆形约十个左右。

（2）以圆形中点为准，对折成半圆，再以圆心为准对折二次，折成半圆的四分之一。

（3）将圆面部分剪成较窄的锯齿形。

（4）将所有的折痕位置均向圆心处剪开约三分之二，圆心处开一个极小的洞。

（5）将每个花瓣由根处掐紧拧两圈。将拧住的花瓣逐个拧回原位，花瓣的方向尽量自然。

（6）将花杆穿过花瓣中心小孔，在顶端捏紧，依次将花瓣粘贴成球形。

（7）用绿色纸藤或手揉纸剪出叶子，中间加细铁丝（细太卷），两两相粘并抚平。

（8）用绿胶带将叶片缠在花杆上。

（9）步骤图。

综合材料工艺制作

范例：

马蹄莲

综合材料工艺制作

欣赏：

105

第四章

泥材料的工艺制作及应用

　　泥土是大自然中最常见、覆盖面积最大的自然资源之一，是人和植物生存的根本环境之一。

　　在自然界中，由于地域和气候的差异，使得泥土中所含的成分、微量元素不同，也使泥土有了相异的特性和各异的价值。聪明的人类经过长期的摸索和探寻，用泥土缔造出光辉灿烂的古瓷文化，特别是古朴、典雅、工艺精湛的青花瓷，成为中国人的骄傲。在世界上古陶瓷成为中国的代名词；背井离乡的人都愿意抓一把故乡的泥土带在身上以表不忘故乡的心境；死去的人们会被埋藏在地下，以示入土为安……总之，泥土和人类有说不清的渊源。在工艺制作的课堂上，我们又是如何诠释泥和泥土两个概念的不同呢？

第一节 泥工的基本方法

　　泥工的基本制作方法有：团、揉、搓、压、擀、捏、接、按、切等，这些方法不是单独应用，而是相互结合。

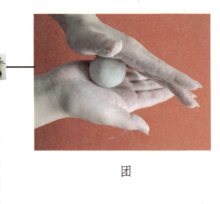

团

揉

捏

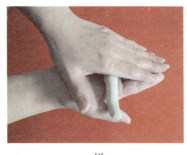

搓

擀

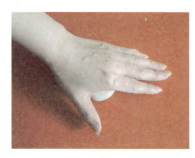

按

压

接

切

彩泥：泥材料本身就是有颜色的。

1.软陶泥的特点

软陶又叫树脂黏土、聚合黏土、低温陶泥。它色彩鲜艳，色彩丰富，国内外有五十种颜色之多。泥质无毒、无味、易成型，属于环保材料。它能和金属、陶瓷、玻璃、木材等材料结合使用，制作好的形象经过烤箱烤干，能够永久保存，因此，很适合制作饰品等。

欣赏：

综合材料工艺制作

2. 彩色橡皮泥

市场上的彩色橡皮泥分六色、十二色、二十色不等，是幼儿园常用常备材料。橡皮泥虽然简便、易用，但易干裂。

欣赏：

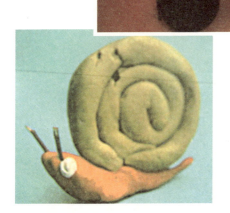 

素泥：不是彩色泥，需在制泥过程中调色或在成型后涂色。

1.面泥的制作和应用

面塑工艺源于汉代，是民间工艺中不可多得的瑰宝，它的制作过程不仅具有很高的工艺性，而且赋有童趣。在民间，面塑涉及的内容非常广泛，与民俗有密切关系，特别是北方农村地区，遇到庆典、聚会等都会用面自制石榴、荷花、龙凤、蝙蝠等具有祝福意义的面塑形象食用或欣赏。到了近现代，面塑从民间工艺中分割开来，成为真正的艺术。不仅保存了传统面塑的特征，在内容上还博采众长，彰显现代艺术元素的风采。

制作面泥：

（1）蒸面：糯米粉100克、面粉150克、乙酸钠3克、山梨醇10克、甘油66克、一杯水搅拌。分成小块后沸水小火蒸30分钟。

（2）揉面：将蒸好的面揉得细腻随和。

（3）调色：将面分成小块，每块加进不同水粉色，然后将面和颜色揉成一体，使面完全变色。

（4）装袋：各色面团要分别放置在小塑料袋中，以免面团变干。夏天可放在冰箱中备用。

（5）上光：为了防止制作好的形象腐坏，最后可以涂上清漆。

2. 纸浆泥的制作和应用

纸浆泥的制作和应用是最值得推广的，因为在制泥过程中充满游戏性和趣味性，制成的泥材料色彩丰富艳丽，成形可以超越平面，使作品看起来更具有视觉效果，作品风格可细腻、可粗犷。

（1）制泥过程：

加水泡纸

将纸打碎成浆

加乳胶

搅拌均匀

调水粉色

装袋备用

（2）用纸浆泥做装饰画

　　成形的装饰画有很多，风格各异，我们可以让孩子选择自己喜欢的的画面，用纸浆泥制作成浮雕式的装饰画，这个过程不复杂，易出效果，成功率高，不同水平的孩子都能体会到成功的快乐。作画步骤如下：

第一步：画铅笔稿

第二步：用粗笔描边定稿

第三步：用制好的纸浆泥填色

第四步：用水粉涂底色

作品成形

3. 纸黏土及其他泥类的应用

市场上的纸黏土种类较多，根据成分和质量不同，价格不尽相同。纸黏土一般为白色，质量越好土色越干净。纸黏土由石灰石、树脂、纸纤维制作而成。制作出的形象不需高温烧，不干裂、不变形。造型可用水粉色、广告色、丙烯色、油画色涂色。因此，纸黏土形象易趣，色彩丰富、生动。

4. 陶泥

陶的历史可追忆到约11700年前，是人类第一次用自然材料按自己的意识和技巧塑型，是泥与火的共同结晶。它是中华民族的骄傲。近两年用陶泥进行制作推广到学校、幼儿园，陶泥便成为较流行和追捧的造型材料。陶泥手法与其他泥塑造型手段、技巧不同，制成的作品形式多样，可难可简，作品经烧制有实用、陈列及装饰等价值。

民间泥玩具

自制泥工艺品

泥娃娃

彩泥与铁丝结合

有布景的小动物

水果蔬菜与泥结合

纸浆泥与彩泥结合

第五章
其他综合材料的应用及开发

　　用废旧的材料进行综合性的制作可不是件简单的事。因为这种"综合性"不是用多种材料简单的拼凑，而是要体现一种综合性的理念。是最大限度的开发和发展制作者、设计者的创造潜能，这种创造不是对生活经验的简单联想，是需要将各种认知经验解构和重构。其中包括：知识的解构和重构、材料的解构和重构、作品题材、体裁的解构和重构、作品形式的解构和重构。

第一节 点 线 面状材料的应用

1. 点状材料的应用

利用点材料进行制作，一定要注意从以下几点为根据，不断积累经验。按照疏密不同、大小不同、方向不同、色彩不同，将不同材料按色彩、方向有序排列，就会出现不同画面效果。

用米与瓜子制作

用大麦制作

用粮食与蛋壳制作

综合材料工艺制作

用豆子制作

用粮食染色制作

用粮食制作

用小花儿制作

用树枝制作

用玻璃制作

用纸点做色彩练习

孩子用广告纸制作自己的像

用吹塑纸板上的颗粒制作

用小纸卷制作

用玻璃制作

用石头制作

用细沙制作

用广告纸制作　　　　　　　玻璃与实物结合　　　　　　　用广告纸制作装饰画

用鸡蛋壳制作　　　　　　　　　　　　　　　　　　　用蛋壳制作

用烟的过滤嘴与木屑结合

2.线状材料的应用

线状材料的粗细、曲直、颜色、质感各不相同，我们按照需要，可以将其制作成平面粘贴，如：皱纹纸制作的纸线装饰画。也可以借助其他材料，将其制作成立体形状。

下面是各种线作品图片，它们有平贴，有不同形式的立体粘贴，欣赏时要细致分析材质、用法。

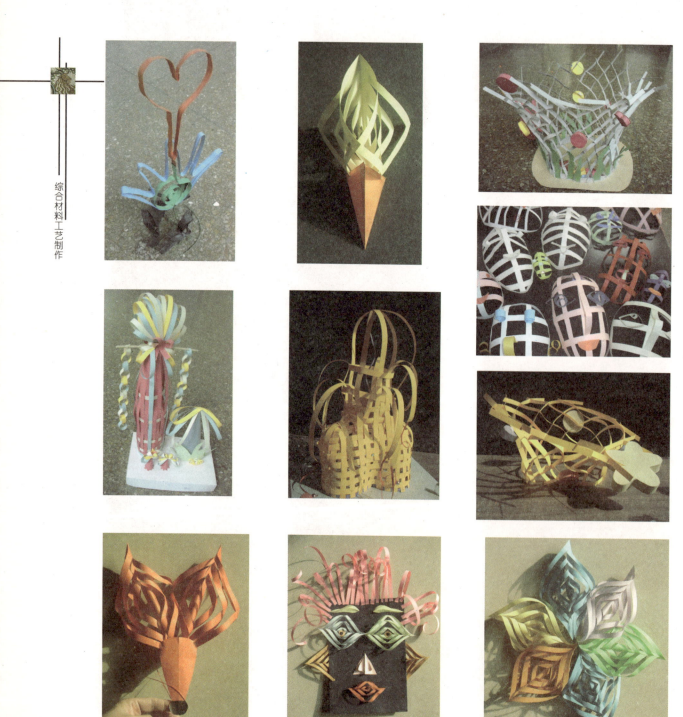

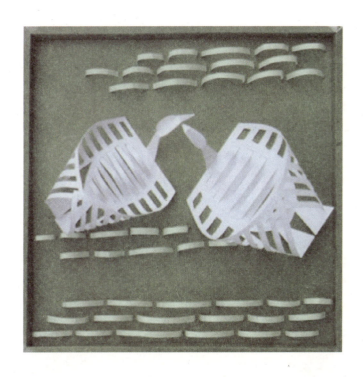

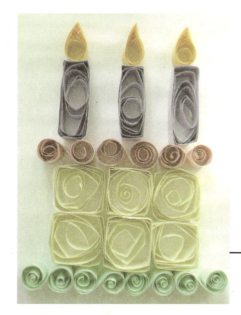

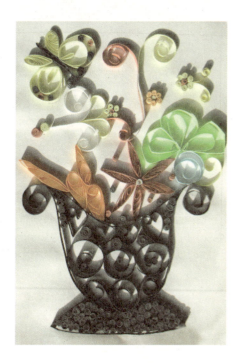

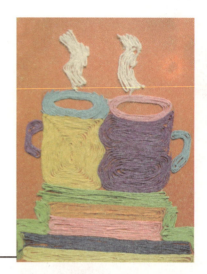

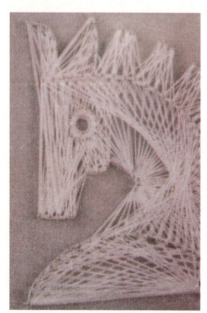

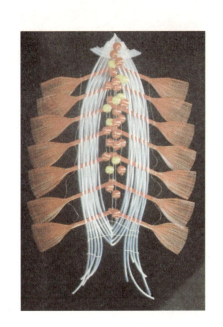

用麻绳制作

用纸线制作

用毛线制作

3. 面状材料的应用

常见的面状材料以纸类居多，还有布、皮革、自然物等，我们可以将其平面剪贴，也可以利用其他材料，将面状材料变成浮雕装饰画面。

方法一：

（1）选同样大小的纸和泡沫板，将纸放在泡沫板上方，用乳胶固定。

（2）在纸上画出画稿。（最好选择概括、简捷的画稿）

（3）用裁纸刀沿稿线切进泡沫板。注意不能把板子切透、切断。

（4）选合适大小的皱纹纸或布，用牙签沿切口慢慢塞进板中，待快要封口时，塞进少量棉花，最后封口。

欣赏：树叶粘贴

134

方法二：

（1）将纸板剪出花瓣和叶子的形状，布或皮革的形状比花瓣和叶子要大一些。

（2）用布或皮革分别将叶子和花瓣沿边包好，用乳胶在背面粘贴，封口前可以在夹层里塞上少许棉花。

（3）将每部分组合在背景板上。

第二节 块状材料的应用

　　块状材料的材质有软有硬，一般用常见的块状材料制作立体形象。如果和孩子一起进行制作活动，还可以利用面包、水果、蔬菜等无毒、无害的材料。海绵、木块儿等不起眼的材料都可以创造出有趣的艺术活动。

欣赏：

136

第三节 絮状材料的应用

絮状材料绵软，不好造型，适合做填充物。如果必须用棉花等物造型，可用水将其打湿再粘贴。

欣赏：

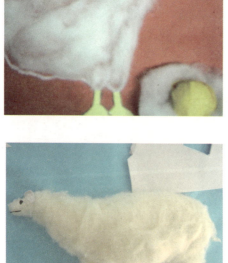

第四节 快餐及包装材料的应用

　　快餐及包装材料造型与其他材料有区别。主要是这些材料本身就是成型的东西。因此，用它们进行制作多半会和生活经验联系。如：杯子像什么？怎么装饰就像了？这种直接联想往往影响人的创造思维。

　　欣赏：纸杯作品。

易拉罐与豆米结合

纸浆泥与薯片筒结合

餐盒作品

易拉罐与纸组合

易拉罐与纸浆组合

欣赏：一次性餐盘作品

第六章
另类材料的应用

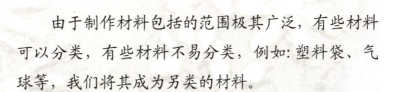

由于制作材料包括的范围极其广泛，有些材料可以分类，有些材料不易分类，例如：塑料袋、气球等，我们将其成为另类的材料。

第一节 气球的应用

气球在小商品市场上就能买到，形状很丰富。但由于材质很容易破损，因此我们可以改变材料的性能，将其涂乳胶后粘贴报纸数层，借气球的外形，转换成纸球，就可以造型了。

欣赏：

多个气球组合的形象

气球脸谱

牙签与气球结合制作的仙人掌

气球与纸筒接在一起制作的瓶子

半个气球做帽子

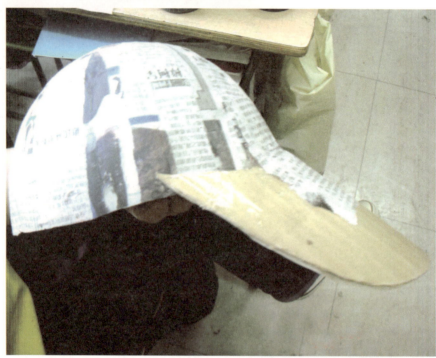

第二节 纸板的应用

1. 用纸板制作人物剪影

方法:

(1)先在纸板上设计、画出剪影形象。

(2)沿线裁出形象。

(3)用皱纹纸或其他手工彩纸设计制作各款服装。

2.用纸板制作钟表

方法:

(1)在纸板上设计并画出表的形状。

(2)沿线剪下图形。

(3)用乳胶组合粘牢。

(4)涂水粉色装饰。

综合材料工艺制作

3.用纸板制作装饰画

方法：

（1）根据需要，将纸板裁制成需要的大小或形状。

（2）涂胶，用旧报纸粘贴板面。

（3）然后设计画稿，涂色。

第三节 树枝的应用

在秋季，收集剪下的各种树枝，经过审视和设计，制作树枝形象。

方法：

（1）将选好的树枝用旧报纸、乳胶组合好。

（2）设计制作衣服等。

（3）涂色。

欣赏：

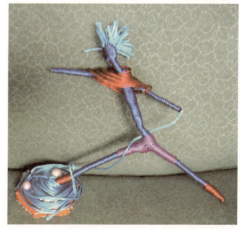

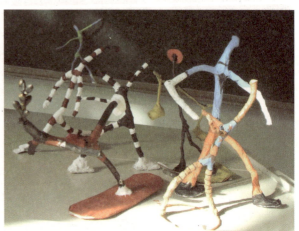

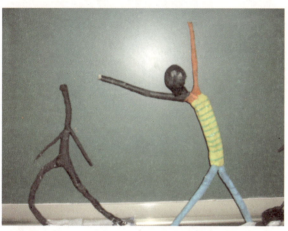

第四节 瓶子的应用

瓶子的形态质地各异，如瓷瓶、玻璃瓶、塑料瓶、陶瓶制品等，我们可以将这些形态各异的瓶子应用到工艺制作中，运用制作或绘画的方法，创作出富有灵性的工艺作品。

第七章

灵活多样的奇趣制作活动

一张洁白的纸上，一篇优雅的文章，犹如一杯绿茶绽开迷人的清香；又如一道恬淡的小菜，给人不同于生猛饕餮的清爽。这时它适于长久拥有，随时品尝。当纸成为时事的传媒载体，日后就有了时过境迁的凄美味道。然而不能随意丢弃这些报纸杂志，应该用我们的智慧和灵巧的手帮助纸们完成一个个华丽的转身。我们享受这种生命延续的过程，心灵之美将随指尖流露于这些破烂报纸的转变，包罗万象的灵感将从纸中应运而生。

第一节 青瓷新作　借古说今

中国陶瓷有数千年的历史，远在新石器时代，聪明勤劳的中国人民就用土创造出一种能烧水、能盛饭、能储物的陶器。随着陶工艺的前进和发展，瓷应运而生，它的产生弥补了陶器的简陋和粗糙。从此，具有独特体系、具有专门工艺和技巧的陶瓷工艺便传承下来，并在中国传统工艺史中占有不可颠覆的主要地位。在瓷器中，我最爱"青花"，青花瓷不仅工艺精湛，其中一些传奇故事更牵动我们的"侠骨柔肠"。

商：这个时期是陶和瓷的一个分水岭，这个时期烧成了"原始瓷"。

东汉晚期：达到完全瓷器的阶段，此时的瓷器由于用料以铁为成色剂，还原火后呈蓝色，故得名青瓷。青瓷质地细腻，线条明快流畅，造型端庄浑朴，色泽纯洁斑斓，有"青如玉，明如镜，声如磬"的美誉，可见当时的工艺精湛。

隋唐时期：青瓷工艺更加了得，化妆土、长石、石英的成功使用，使得瓷器产生"翠峰天青"的颜色，特别浙江越窑瓷器，釉色尤为清澈晶莹，唐代诗人陆龟蒙在诗中赞道："九秋风露越窑开，夺得千峰翠色来。"让我们感受到了当时瓷器的气势和风韵。文人士大夫喜欢饮茶，因此对茶具的要求十分讲究，从而促进了瓷茶器的工艺进步和发展。皮日休曾对茶具进行过生动的描写："圆似月魂坠，轻如云魄起。"这让我们想象到唐代茶具的玲珑轻巧。

宋代：是古瓷发展的鼎盛时期，经济、科技处于繁荣和进步阶段，对外贸易十分频繁，瓷器是主要出口的商品之一。因此朝廷直接参与瓷窑的经营和管理，至此有了"官窑"的称谓。汝窑、钧窑、哥窑、定窑和官窑成为当时举世瞩目的五大名窑。名窑中釉色最好的当属汝窑，为人称道的是淡淡的青色，被誉为天青色。

元代：青花瓷正式烧成，使得具有浓厚中国风的釉下彩发展到一个崭新的阶段，绘画技巧与陶瓷工艺完美结合。青花瓷的纹饰很令人回味。松竹菊跃然于瓷器之上，凭空增添了清高、坚贞不屈的人格魅力。

青花瓷烧成的这般曲折和漫长，青花纹饰中诸多的内涵和韵味，赢得文人大夫、英雄志士的温婉柔情与青睐。叹古人智慧，叹泥土多情。

"天青色等烟雨而我在等你，炊烟袅袅升起隔江千万里。在瓶底书汉隶仿前朝的飘逸，就当我为你伏笔。天青色等烟雨而我在等你，月色被打捞起晕开了结局。

如传世的青花瓷自顾自美丽，你眼带笑意……"。

我知道，描述历史的方法有很多种，表达情感的方式和途径也很多，借青花瓷体现哀婉、淡雅的伤情，比喻诡谲多变、爱恨兼具的爱情故事，实在让我觉得巧妙。我们来尝试一下，在制作青花的过程中感受中国瓷器的博大精深。

材料准备：大量报纸、乳胶、保鲜膜、水粉笔、一个造型简易的瓶子。

过程：

（1）将保鲜膜紧紧的裹在准备好的瓶子上。如果不紧，可以先在瓶子表面抹上水再用保鲜膜包裹。

（2）将报纸撕成小块儿，将乳胶调水，毛笔蘸乳胶边在瓶子上刷胶边贴纸。

（3）同样方法贴五、六层报纸即可。

（4）待报纸干后，用刀子将报纸壳剖开，取出瓶子后再将剖口用报纸粘和即可。

（5）设计图案、上色。

欣赏：

欣赏：

第二节 美妙的音乐

音乐是世界上最美妙的声音之一。因牵动人的心神而神秘。如果你想感受到音乐中的真谛，就听着《百鸟朝凤》的唢呐曲，制作一把民族感十足的漂亮唢呐；听着《梁祝》做一把充满古典情调的小提琴；听着《二泉映月》做一把精致的二胡；听着《苗岭的早晨》、听着《十面埋伏》，吟着白居易的《琵琶行》做一把琵琶；听着《彩云追月》做一把葫芦丝；再做一款古筝感受《高山流水》那清丽动听、行云流水的宁静……相信你会在制作中学会聆听美妙的音乐。

材料准备：容易裁切的板子（如：纸板、PVC板等）、裁纸刀、报纸、乳胶等。

过程：

（1）裁相同大小的琴体两片，最好中间加上厚一点的包装泡沫。

（2）用乳胶将泡沫板和纸板粘好。

（3）用报纸将琴体固定。

（4）相同的方法裁切琴把，并用报纸粘接好。

（5）所有部件接好后开始涂色。可根据设计涂几遍色，直到满意为止。

（6）最后装饰调整。

步骤一

步骤二

步骤三

步骤四

步骤五

步骤六

欣赏：

第三节 生动的形象

　　人是最常见的活体，常见便会熟视无睹，但我们手下创造出的人们却无比生动，引人驻足。生动从多个方面体现：有人因动态多姿而生动；有人因语言温婉而生动；有人因足智多谋而生动；有人因表情多变而生动。我们创造出的人是因材料特质绽放稚拙而生动。他们面色艳丽、五官夸张、表情怪异，绝对的吸引眼球。这就是制作活动的魅力，可以把本来不真实的东西制作得比真实东西更打动人。

1.用纸浆堆出生动的人

　　材料准备：报纸 乳胶 硬底板 水粉颜色等。

过程：

（1）将报纸撕碎放到较大的容器里用水泡透。

（2）滤去水后倒入乳胶，使之成泥状。

（3）将纸浆泥堆在硬底板上造型。

（4）涂色、装饰。

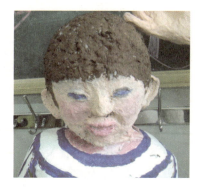

2. 用旧报纸团纸制作生动的形象

材料准备：报纸 乳胶 透明胶条 手纸或餐巾纸 水粉色等。

过程：

（1）将报纸团拧成满意的形状。

（2）用透明胶条将拧好的形固定。

（3）在固定好的形上贴一层手纸或餐巾纸。

（4）涂色装饰。

欣赏：